Henrik Pathirane

Minuutti

LYHYTTAVARA

20.5.2017 22:40   07.07.75

        18:46   07.07.56

        22:35   07.00.63

        17:48   00.51.17

        19:08   01.07.85

        22:29   00:58.35

        20:05   00.56.54

        22:37   01.05.45

        22:54   01.08.29

        22:43   01.06.21

        23:19   07.09.44

3

8:17	07.00.56
21:19	01.04.62
21:23	00:58.28
22:11	00.57.95
20:19	01.05.40
16:22	01.08.15
22:48	00.54.78
22:54	01.06.05
23:R	01.01.04
22:46	00.56.40
20:02	00.59.95

23:58   01.00.63

22:50   01.01.19

23:05   00.57.49

22:53   01.01.81

00:26   01.07.00

19.12   01.02.35

20:36   00.58.19

21:40   00.50.24

21:40   01.02.09

21:50   01.02.39

20:40   01.04.04

21:48 01.05.53

19:53 00.57.64

22:18 01.10.01

10:08 07.04.09

22:17 01.09.77

09:13 01.02.69

22:58 00.58.08

23:02 01.00.26

22:28 00.58.63

21:59 07.03.02

22:23 01.00.36

23:06 00.55.17

20:10 00.54.35

21:30 00.59.41

10:10 01.09.43

22:40 01.00.46

23:19 00.51.14

10:06 01.00.85

21:48 01.06.74

09:07 01.12.53

22:45 01.06.02

21:40 01.06.78

22:19 00.58.70

21:51 07.04.21

23:06 07.04.06

22:51 01.06.64

22:53 07.04.30

22:35 07.05.58

20:45 01.07.82

23:19 00.58.09

23:06 07.07.54

22:11 01.07.26

21:54   01.01.94

22:28   01.02.94

23:11   00.59.44

21:53   00.57.64

23:13   00.59.20

22:28   01.04.61

22:08   00.55.49

21:52   01.05.28

22:00   01.01.90

22:14   00.56.76

21:25   01.00.14

22:07 01.01.19

21:48 00.56.25

21:15 01.06.70

23:25 00.59.89

23:10 01.03.85

23:02 00.58.20

21:16 00.57.70

11:21 00.55.69

21:33 00.59.12

22:11 00.56.71

21:40 00.55.64

21:05　00.57.22

12:46　00.53.73

15:03　01:00.60

23:01　00:59.91

08:10　01.00.43

10:16　00.56.34

01:19　00:53.25

10:46　00:57:85

23:18　07:01:69

22:46　00:53:68

01.09.04

00:11

21:47　　00:59.80

00:33　　01.00.45

22:38　　01.02.43

21:48　　01.02.56

22:36　　07.11.37

23:19　　00.56.66

21:21　　01:04:33

22:55　　07.09.43

22:57　　07.03.64

22:02　　00.58.42

21:25	00.53.57
08:33	01.08.08
22:15	01.00.90
22:35	00.59.06
20:09	00.57.14
23:09	00.55.28
21:28	00.55.82
22:32	01.01.98
20:18	00.59.50
22:30	01.04.23
22:24	00.58.02

22.39	00 52 20
22:10	01.04.07
23:12	00.53.85
21:53	00.59.68
23:40	01.02.39
22:25	01.01.47
14:52	01.00.30
22:43	01.03.65
22:53	01.00.17
22:19	01.02.89
22:00	01.07.66

22:01	01.01.47
23:01	00.59.81
00:01	01.02.72
22:54	07.07.48
22:22	07.03.46
22:57	07.04.49
15:25	00.52.29
23.02	07.07.18
21.05	00.56.60
21.31	00.58.31
9.47	00.58.57

15

21.57	00.57.03
11.01	00.54.94
21.55	01.02.25
23.28	07.04.95
23.02	01.03.28
08:42	07.05.27
09:10	01.04.03
19:58	07.07.72
11:37	07.13.54
22:35	00.57.87
19.19	01.05.49

11:38	01.08.38
09:08	01.02.45
09:13	01.05.48
22:48	01.03.86
17:29	01.02.79
23:11	01.03.42
11:54	01.03.37
21:48	00.59.08
22:01	01.00.45
12:24	00.55.88
23:46	00.57.61

23:11 00.55.93

22:42 07.04.57

19:52 ∞58.10

27:37 00.59.68

22:51 07.09.17

27:46 07.07.00

22:10 07.07.50

11:49 00.59.84

19:39 07.04.19

21:20 00.59.83

00:07 07.05.44

17:10	00.53.85
17:45	07.03.51
18:47	00.55.95
18:01	00.53.24
10:22	07.02.09
14:45	00.57.62
22:36	07.03.71
23:38	01.07.54
27:41	00.54.87
11:14	01:00.36
00:17	07.00.82

23:26	00.56.26
19:24	07.07.08
14:16	00.57.26
23:02	01.01.87
08:47	00.59.20
22:05	00.57.65
13:77	07.00.09
08:39	07.00.03
21:46	07.03.09
22:02	01.02.46
17:21	05.20.41

08:48	00.59.76
13:54	00.58.98
23:28	07.09.73
09:53	00.53.90
79:45	07.07.20
27:55	07.02.87
09:23	00.56.24
00:01	07.05.50
23:34	00.59.49
20:436	00.53.07
73:05	00.55.93

21

15:13	01.00.45
23 14	00.54.07
08:59	07.05.99
22:53	01.06.51
23:29	00.54.47
22:30	07.03.20
23:38	07.01.95
23:07	01.00.47
23:39	00.58.97
23:22	00.56.97
79:33	01.03.03

19:34	00.52.17
22:42	01.06.90
16:15	00.56.10
23:14	00.56.47
9:48	07.00.67
10:18	07.04.14
10:39	07.03.27
21:33	07.04.94
22:21	07.08.99
9:27	07.03.04
20:57	07.07.98

11:22   00.57.68

18:55   07.05.04

9:41   00.58.14

18:59   00.57.38

19:20   00.52.22

19:18   00.58.44

18:55   07.02.72

07:27   07.08.66

07:28   07.02.21

17:53   07.02.04

21:49   07.10.01

27:52   06.57.07

18:09   07.09.95

18:01   07.05.16

20:55   06.51.22

      20:57   07.03.46

   07.00.33   16:24

   20:13   07.04.27

   20:17   00.59.17

   12:20   01:00:22

   17:03   06.56.74

   17:15   07.05.49

20:16	00.59.40
22:28	07.08.78
09:33	07.04.66
09:33	07.05.94
23:25	00.57.96
10:58	07.04.05
27:06	00.59.06
22:43	07.02.58
19:00	07.03.68
27:19	07.07.66
	07.08.74

22:44

00.57.84

20:57

01.06.22

22:11

07.03.36

27:13

07.08.32

10:50

01.04.03

23:02

08.58.12

10:58

01.06.02

23:05

00.55.04

22:47

00.55.33

27:50

00.59.14

22:48

06:50

07.07.45

07:02.71

22:24

00.58.78

23:19

07.03.39

10:31

00.58.37

23:14

00.57.82

22:39

00.55.91

22:48

07.07.18

19:27

00.59.42

22:58

00.58.79

22:10

00.58.87

22:08

22:08

22:08   07. 03. 27

23:11   07.00.08

                         00. 58.24
22:43

23:07   07.02.53

                         00.69.36
10:46

23:07   00. 56.95

23:03   07. 02. 63

20:40   07. 02. 67

23:04   00. 57.50

01.02.67   20:40

08:27	07.00.86
08:35	07.07.64
17:01	00.56.93
18:31	00.57.27
20:56	07.03.21
27:77	00.59.40

Jälkisanat

Aluksi oli kahdeksantoistametrinen käärö ohutta karkeaa japanilaista paperia ja yhtä lailla japanilainen arkistokelpoisuutensa tähden valittu Pilot BP-S FINE -kuivamustekynä. Sitten oli viisimetrinen käärö minuutteja. Nyt minuutit ovat painettuna kirjana. Mistä tässä kaikessa olikaan kyse?

Lähtökohtana oli kysymys, kuinka voisin osallistua johonkin jaettuun myös silloin, kun en ole toisten ihmisten parissa. Pohdin siis (ihmiskammoiselle taiteilijalle sopivaa) osallistumista teoksen tekovaiheessa enkä niinkään tuotoksen osallistavuutta. Toisaalta etsin jotain hyvin rajattua, mielialasta riippumatta toistettavissa olevaa tekoa, joka kuitenkin sisältäisi jonkinlaista lukemiseen kannustavaa vaihtelua.

Minuutti on tarkasti määritelty aikayksikkö. Vaikka jokaisen ajantaju on erilainen ja koettu minuutti eri mittainen, kellon näyttämä minuutti on jokaiselle lähes sama. Mitä jos oppisin tuntemaan tämän jokaiselle saman minuutin kehollisesti? Jo pelkkä yrittäminenkin suuntaa läsnäoloni ja toimintani johonkin yhteiseen, johonkin välittömän yksinoloni ja yksilöllisen kokemisalueeni ulkopuoliseen. Suuntasin keskittymiseni siihen, mitä ihmistenvälisesti on, ja yritin löytää tämän itsestäni.

Kyse oli myös antamisesta. Annoin itseni minuutiksi ihmisyydelle. Jonkinlainen maallinen rukous on varmasti (olemattomilta) vaikutuksiltaan ja suuntautuneisuudeltaan lähellä toimintaani.

Toistin tehtävää lähes päivittäin lähes vuoden ajan. Tavoite oli kolme vuotta eli kahdeksantoista metriä minuutteja. Toisinaan sain jonkinlaisen otteen minuutista. Se tuntui täyttyvänä muotona, epäselvyyden poistumisena, valmistumisena tai täydellistymisenä, jonkin paljastumisena hälvenevän tomun takaa. Minuutti ei ollut vain tyhjiä laskettavissa olevia sekunteja, se oli itsessään jokin, olionkaltainen, hamuttavissa – tavanomaisesta ajasta erillinen aistittavissa oleva hahmo.

Todennäköisesti se kuitenkin oli minun luomani hahmo. Minuutti pysyi minun minuuttinani. Antaminen ja osallistuminen olivat luultavimmin todenmukaisemmin antamisen ja osallistumisen simulaatioita.

Lopulta minuutti päivässä on todella paljon, kun kyseessä on keskittymistä vaativa kaikesta toiminnasta irrotettu, tyhjennetty ja täysi minuutti. Myös sen ylöskirjaaminen vaatii aikaa ja tilaa, joista etenkään tilaa ei välillä meinannut löytyä. Asiaa ei auttanut, että kiersin Eurooppaa käärö ja kaikki muu tarpeellinen kaksikymmentälitraiseen lohenpunaiseen Fjällräveniin survottuna. Jaksaisinko pyyhkiä pöydän, pestä kädet ja pyöritellä kääröä auki kahden metrin kohdalle, keskittyä – toivottavasti tasan – minuutin ja kirjata lukeman ylös, rullata käärön takaisin tasaiselle tiukalle kelalle ja pakottaa reppuun? Noin vuoden kohdalla tuli raja vastaan.

Ajatus oli kuitenkin hauska ja viisimetrisenäkin kääröstä tuli kaunis. Sitten Karri keksi, että siitä voisi tehdä kirjamuotoisen painotuotteen.

Tein magneeteista ja avopuolisoni hitsaamasta projektoritasosta telineen, johon kiinnitin yksitoista kertaa seitsemäntoista senttimetriä suurella suorakulmaisella aukolla varustetun paperin, jonka taitse syötin kääröä seitsemäntoista senttimetriä kerrallaan. Valokuvasin jalustalle asetetulla järjestelmäkameralla. Siirsin kuvat tietokoneelle ja melkein petyin. Paperi on niin elävää, korkeaa ja muuten läsnä sekä kynänjälki paikoitellen niin hentoa mutta ennen kaikkea vaihtelevaa, että muste ja paperi eivät erkane perinteisillä kontrastin, kirkkauden ja terävyyden jälkisäädöillä. Ilmaisen kuvankäsittelyohjelman suotimista löytyy onneksi monimutkaisempiin algoritmeihin nojaavia toimintoja. Muutaman tällaisen toiminnon muodostaman sarjan viimeinen oli Copymachine. Se siis jäljittelee kopiokoneen läpipolttamaa jälkeä. Herää kysymys, olisiko kopiokoneella saanut vaivattomammin saman tuloksen.

Nyt pilkottuna vieraaseen muotoon ja alistettuna vieraalle lukutavalle, lehtien kääntelylle, on vain sopivaa, että Pilot BP-S FINE -kuulakynän jälki on kadottanut paljon digitaalisen ulkopuolelle osoittavasta oikukkuudestaan. Tällaisenakin Minuutti on teos, jonka tekeminen ja tekeytyminen ovat yhä siinä läsnä. Se on käsitteellisten lähtökohtiensa ilmentäjän ohella objekti, johon on kerääntynyt jälki vuoden kierrosta; se on todiste siitä, että joku on elänyt tuon vuoden päivä kerrallaan.

Kirjallinen lähes minuutteja ja kellonaikoja on myös luettavissa luvuista koostuvana kirjana. Lukujonoissa tai numeroista koostuvissa listoissa voi olla löydettävissä samaa runollisuutta kuin (muotoillakseni riittävän kattavasti) kirjainpohjaisia merkitysyksikköjä sisältävissä asioissa: herkkyyttä, leikkisyyttä, yllätyksiä, kertymistä, purkautumista, säännönmukaisuutta, muuntumista rajojen sisällä, toiston ja eron dynamiikkaa, avoimia suhteita. "23:34 00.59.49"

Henrik Pathirane

Helsingissä 26.3.2019

© 2019 Henrik Pathirane

Kustantaja
BoD — Books on Demand, Helsinki, Suomi

Valmistaja
BoD — Books on Demand, Norderstedt,
Saksa

Julkaisija
Lyhyttavara
Helsinki, Suomi
2019

ISBN 978-952-80-0921-4

humahdus.org/henrik